Helga Billerbeck
Sigrid Voß-Schalkalwies

Kürbis-
Kochbuch

Husum

Umschlaggestaltung unter Verwendung von Abbildungen
aus dem Buch

Bibliografische Information der Deutschen Nationalbibliothek

Die Deutsche Nationalbibliothek verzeichnet diese Publikation
in der Deutschen Nationalbibliografie; detaillierte bibliografische
Daten sind im Internet über http://dnb.d-nb.de abrufbar.

© 2008 by Husum Druck- und Verlagsgesellschaft mbH u. Co. KG,
   Husum

Gesamtherstellung: Husum Druck- und Verlagsgesellschaft
Postfach 1480, D-25804 Husum – www.verlagsgruppe.de
ISBN 978-3-89876-410-0

Wissenswertes

Der Kürbis ist eine der ältesten Nutzpflanzen der Welt. Archäologische Funde in Südamerika zeigen, dass Kürbisse dort schon vor rund 10 000 Jahren angebaut wurden. Dank der Funde weiß man auch, dass die großen Früchte den Azteken nicht nur als Grundnahrungsmittel, sondern ausgehöhlt und getrocknet auch als Vorratsbehälter und Flaschen dienten. Zudem kann man davon ausgehen, dass aus ihnen Musikinstrumente hergestellt wurden und dass sie als Fruchtbarkeitssymbole fungierten. Der Kürbis ist also nicht nur eine der ältesten Früchte, sondern auch eine sehr vielseitige.

Nach Europa kam der Kürbis erst viel später: Kolumbus brachte ihn neben Tomaten, Mais und Sonnenblumen mit. Nach und nach gelangte die Pflanze weiter nach

Nordeuropa und somit nach Deutschland, wo sie jedoch lange Zeit keinen guten Ruf hatte. Sie galt als Symbol für Vergänglichkeit, wurde aber auch mit Hohlköpfigkeit, also Dummheit, assoziiert. Selbst Goethe hat einst geschrieben: „Wer glaubst du denn zu sein, dass du mich schelten willst, du Kürbis du."

Vielleicht liegt darin eine Erklärung für das Schattendasein, das der Kürbis lange in unseren Küchen fristete. Doch heute finden auch hierzulande immer mehr Kürbisvarianten den Weg in den Kochtopf. Wieder ist wohl Amerika, diesmal jedoch der nördliche Teil des Kontinents, Vorreiter und Vorbild für die Europäer. In den USA ist der Kürbis, beispielsweise als „Pumpkin Pie", traditionelle Speise beim Thanksgiving, dem amerikanischen Erntedankfest, das am letzten Donnerstag im November gefeiert wird. Eine wichtige Rolle für die zunehmende Beliebtheit des Kürbis in Deutschland spielt vor allem die Übernahme des Halloween-Festes (31. Oktober) aus Amerika. Dieses mittlerweile auch bei uns beliebte Fest scheint ganz und gar dem Kürbis gewidmet zu sein und überall tauchen die „Jack O'Lantern" genannten Kürbisgesichter auf.

Heute werden mehr als 850 verschiedene Kürbissorten über alle Kontinente verteilt angebaut, und zwar in allen Größen und Formen. So bringt der Atlantic Giant beispielsweise 400 bis 500 kg auf die Waage.

Der Kürbis, der zu den Beerenfrüchten gehört, ist eine Pflanze mit vielen Stärken: Sie ist nicht nur leicht verdaulich und ballaststoffreich, sie wird außerdem seit alten Zeiten als Heilpflanze genutzt. So hilft sie zum Beispiel gegen Übelkeit in der Schwangerschaft oder Sodbrennen. Zudem wirkt sie entschlackend und blutreinigend, ist harntreibend und unterstützt die Behandlung von Bluthochdruck, Prostataleiden und Reizblase. Der Kürbis ist also ein Allroundtalent, das zudem neben den Vitaminen A, C, E und B weitere gute Inhaltsstoffe wie Zink, Selen, Calcium, Magnesium in sich trägt.

Aus den Kernen des grünen Ölkürbis wird das kostbare Kürbiskernöl hergestellt. Um einen Liter dieses wertvollen

Öls zu gewinnen, werden 2,5 kg Kerne aus etwa 25 reifen Früchten benötigt. Dieses Öl ist eine Spezialität der Steiermark in Österreich.

Wenn man reichlich Kerne aus der Kürbisfrucht zur Hand hat, liegt es nahe, sie zu trocknen, um sie später einzupflanzen. Doch ist eine Enttäuschung vorprogrammiert, wenn man kein Saatgut aus dem Fachhandel nutzt. So besteht die Gefahr, nur wenige kleine und deformierte Kürbisse zu ernten. Auch sollte auf den richtigen Boden zum Anpflanzen geachtet werden. Besonders eignen sich leichte bis mittelschwere Böden in sonnigen Lagen. Die Aussaat sollte nicht vor Mitte bis Ende Mai direkt ins Freiland erfolgen, denn die Kürbispflanzen gehören zu den Starkzehrern, was bedeutet, dass der Boden vor dem Einpflanzen gut mit Mist oder Kompost versorgt werden sollte. Die Pflanze braucht sehr viel Platz und hat einen hohen Bedarf an Wasser und Nährstoffen. Die Vegetationszeit einer Kürbispflanze beträgt 120 bis 130 Tage.

Nach dem Zeitpunkt der Ernte wird unterschieden in Sommer- und Winterkürbisse. Die Sommerkürbisernte beginnt im Frühsommer, da diese Kürbisse unreif geerntet werden. Ihr stark wasserhaltiges gelblichweißes Fruchtfleisch ist von einer weichen, essbaren Schale umgeben. Diese kleinen Kürbisse sind geschmacksintensiver als die großen ausgewachsenen. Zu den Sommerkürbissen zäh-

len neben der Zucchini die verschiedenen Squash-Sorten (Ufos) und der Spaghettikürbis.

Größer ist die Palette der Winterkürbisse, deren Früchte bei der Ernte ausgereift sein sollten. Die harte, nicht essbare Schale schützt das gelblich-orange Fruchtfleisch vor dem Austrocknen. Der richtige Erntezeitpunkt ist dann gegeben, wenn der Stiel hart und trocken ist. Die Ernte der Winterkürbisse beginnt im September und sollte vor dem ersten Frost abgeschlossen sein, weil die Früchte sehr frostempfindlich sind. Bei trockener Luft und einer Lagertemperatur von etwa 16 °C sind Kürbisse bis ins Frühjahr haltbar. Wichtig ist auch, dass der trockene Stiel zur Lagerung an den Früchten bleibt. Zu den verschiedenen Sorten der Winterkürbisse gehört der allseits bekannte Gartenkürbis (Gelber oder Roter Zentner), aber auch der Moschuskürbis, der Muscade de Provence, der Buttercup-Kürbis, der Butternut-Kürbis und natürlich der Hokkaido.

Vielfältig ist zudem das Angebot an Zierkürbissen und der speziell zum Aushöhlen und Schnitzen gezüchteten Sorten. Solche Sorten sind gefragt, wenn es darum geht, die bereits erwähnten Kürbisgesichter und -laternen zu Halloween zu gestalten. Der Kreativität sind hier keine Grenzen gesetzt, und das Gleiche trifft auch auf das Kochen mit Kürbis zu, denn kaum eine andere Kulturpflanze schafft es, in Form, Farbe und Größe in Konkurrenz zum Kürbis zu treten.

Rezepte

Apfel-Kürbis-Suppe

Zutaten:

1 EL	Butter
2	Zwiebeln
750 g	Kürbisfleisch (Hokkaido)
3	säuerliche Äpfel
1 ¼ l	Gemüsebrühe
2 EL	Curry
	Chilipulver
	Salz
	Pfeffer
⅛ l	Sahne
	Petersilie
	Kürbiskerne

✑ Butter in einem Topf zerlassen. Die gewürfelten Zwiebeln darin glasig dünsten. Das mit Schale gewürfelte Kürbisfleisch und die geschälten, geschnittenen Äpfel hinzufügen und kurz mit andünsten. Curry und Chilipulver darüberstreuen und die Gemüsebrühe angießen. Zugedeckt ca. 15 Min. bei kleiner Hitze garen lassen. Die Suppe pürieren. Mit Salz und Pfeffer abschmecken. Die Suppe in einem ausgehöhlten Hokkaido-Kürbis servieren und mit geschlagener Sahne, Petersilie, Apfelspalten und Kürbiskernen dekorieren.

Weddingstedter Kürbissuppe

Zutaten:

1 EL	Rapsöl
2	Zwiebeln
300 g	Kartoffeln
1 kg	Kürbisfleisch
2 l	Brühe
1	Stange Porree
	Salz
	Pfeffer
	Curry
	Zucker
$^1/_8$ l	Sahne
	Kürbiskernöl

Einlage:

Fleischklößchen
feine Schinkenwürfel
Krabbenfleisch
Räucherlachsscheiben
Kräuter
geröstete Kürbiskerne

✎ Zwiebeln, Kartoffeln und Kürbis schälen und würfeln. Rapsöl erhitzen, das Gemüse darin andünsten. 2 l Brühe hinzufügen, die Suppe garen lassen und pürieren. Den Porree putzen und in sehr feine Ringe geschnitten in die Suppe geben. Mit den Gewürzen abschmecken und mit der Sahne verfeinern. Die Suppe kann dekorativ in einem ausgehöhlten, im Backofen gegarten Kürbis mit einem Spritzer Kürbiskernöl serviert werden. Die Einlagen separat dazu reichen.

Thailändische Kürbissuppe

Zutaten:

1	daumengroßes Stück frische Ingwerwurzel
2	Chilischoten
2	rote Zwiebeln
2	Stangen Porree
250 g	Hühnerbrustfilet
300 g	Kürbisfleisch
4 EL	Rapsöl
2	Limetten
1 Glas	Fischfond
	Salz, frischer Koriander
250 g	gefrorene Garnelen

Ingwerwurzeln schälen, fein hacken. Chilischoten in feine Ringe schneiden, Zwiebeln und Porree schälen und in Scheiben schneiden. Kürbisfleisch und das Hühnerbrustfilet würfeln. Alle vorbereiteten Zutaten 5 Min. im Rapsöl dünsten lassen.

Mit 750 ml Wasser auffüllen, zum Kochen bringen und 15 Min. ziehen lassen. Limetten auspressen, mit dem Fischfond in die Suppe geben. Die Garnelen ebenfalls einige Minuten mit ziehen lassen. Kürbissuppe abschmecken und mit Petersilie oder, falls vorhanden, frischen Korianderblättern dekoriert servieren.

Kürbissuppe mit Suppengemüse

Zutaten:

600 g	Kürbisfleisch
1 Bund	Suppengemüse
	Butter
500 ml	Gemüsebrühe
500 ml	Milch
	Salz, Pfeffer
1 Bund	Petersilie

Das Kürbisfleisch würfeln. Das Suppengemüse klein schneiden. Die Butter in einem Suppentopf erhitzen und das Gemüse darin andünsten. Mit Gemüsebrühe und Milch auffüllen. 15–20 Min. bei schwacher Hitze köcheln lassen. Dann pürieren, abschmecken und mit gehackter Petersilie als Vorsuppe servieren.

Erntetopf

Zutaten:

2 EL	Öl
1 kg	Kürbis
250 g	Knollensellerie
250 g	Kartoffeln
2	Zwiebeln
375 g	Möhren
1	Stange Porree
3	Tomaten
500 g	gemischtes Hackfleisch
750 ml	Gemüsebrühe
	Salz
	Pfeffer
	Schnittlauch

✐ Das Gemüse putzen und in Streifen schneiden.
Öl erhitzen. Zwiebeln darin andünsten, das
Hackfleisch dazugeben und anbraten.
Gemüsebrühe angießen, Gemüse und Kartoffeln
zum Hackfleisch geben. Das Ganze 20 Min.
garen lassen. Mit Salz und Pfeffer
abschmecken. Mit frisch geschnittenem
Schnittlauch anrichten.

Zutaten
für die Kürbisspieße:

500 g	Schnitzelfleisch
125 g	Frühstücksspeck (Bacon)
3	Zucchinis
500 g	kleine Schalotten
500 g	Kürbisfleisch
	Salz
	Pfeffer
	Curry
12	Schaschlikspieße

Kürbis-Zwiebel-Dip:

250 g	Miracel Wip
4–5 EL	eingelegter Kürbis
1	Schalotte
	Salz und Pfeffer

Kürbisspieße

🔪 Schnitzelfleisch würfeln und mit dem dünnen Frühstücksspeck umwickeln. Zucchinis in gut fingerdicke Scheiben schneiden. Schalotten häuten und das Kürbisfleisch würfeln. Zutaten im Wechsel auf die Holzspieße stecken und vorsichtig würzen. Auf ein gefettetes Backblech legen und im Backofen unterm Grill garen lassen. Die Zutaten für den Dip pürieren und dazu reichen.

Gebackene Kürbisspalten
à la Marcus

🔪 Den Kürbis schälen, die Kerne entfernen und in ca. 200 Gramm schwere Spalten schneiden. Anschließend auf ein mit Backpapier ausgelegtes Backblech legen. Olivenöl, Salz und Kräuter der Provence auf die Kürbisspalten geben und 15 Min. lang bei 180 Grad backen. Mit dem Katenschinken und Pumpernickel anrichten. Mit Petersilie dekoriert servieren. Dazu schmeckt Wein und Bier.

Zutaten:

800 g	Moschuskürbis-fleisch
8 EL	Olivenöl
2 TL	Kräuter der Provence
	Salz
8	dünne Scheiben Holsteiner Katen-schinken
8	Scheiben Pumper-nickel
	Petersilie

Gulasch mit Kürbis

Zutaten:

500 g	Rindergulasch
	Öl zum Anbraten
500 g	Zwiebeln
1	Lorbeerblatt
	Ingwerpulver
	Thymian
	Majoran
	Salz, Pfeffer
½ l	Brühe
1 Glas	eingelegter Kürbis
1 EL	Mehl
	Crème fraîche
	Sherry

✐ Das Öl erhitzen und das Fleisch darin anbraten. Die geschnittenen Zwiebeln und Gewürze zufügen, mit Flüssigkeit auffüllen und ca. 90 Min. schmoren lassen. Zum Schluss den Kürbis dazugeben. Mit Mehl binden, mit Crème fraîche und Sherry abschmecken. Dazu Reis, Nudeln oder Kartoffeln servieren.

Gebackene Kürbisblüten

Kürbisblüten waschen und den
Stempel entfernen. Das Hackfleisch
mit den Zutaten abschmecken und
in die Blüten füllen. Die Blüten-
blätter zudrehen, auf ein mit
Olivenöl gefettetes Back-
blech legen und ca. 35 Min.
bei 170 Grad backen.

Zutaten:

8	Kürbisblüten
250 g	Hackfleisch
	Salz
	Curry
	eine Prise Zucker
	Olivenöl

Chili con Kürbis

Zutaten:

500 g	Hackfleisch
2 EL	Öl
500 g	Kürbisfleisch
500 g	Tomaten
1	Staude Bleich-sellerie
1	rote Paprika
1	grüne Paprika
4	Zwiebeln
1	Dose rote Bohnen (375 g)
4 EL	Tomatenmark
250 ml	Gemüsebrühe
½ TL	Chili con Carne-Fertiggewürz
	Cayennepfeffer
	Salz
	Zucker

🔪 Kürbis, Zwiebeln und Paprika würfeln. Den Bleichsellerie in ca. 1 cm lange Stücke schneiden. Die Tomaten häuten und ebenfalls würfeln. Das Hackfleisch in dem erhitzten Öl anbraten, das Gemüse dazugeben und mitdünsten. Nach 10 Min. die Bohnen dazugeben. Tomatenmark hinzufügen, Brühe angießen und ca. 20 Min. garen lassen.

Chili con Kürbis mit den Gewürzen und Zucker pikant-scharf abschmecken. Mit Fladenbrot oder Tortillas servieren.

Hokkaido
mit Hackfleischfüllung

Zutaten:

2 große	
oder	
4 kleine	Hokkaidos
150 g	Langkornreis
500 g	Hackfleisch
1 TL	Paprikapulver
2	Zwiebeln
1	Ei
50 g	geriebener Käse
	Salz und Pfeffer
	Sojasoße

✐ Den Reis garen. Die Kürbisse waschen, den Deckel abschneiden und die Kerne und das faserige Fleisch mit einem Löffel entfernen. Eine ca. 2 cm dicke Wand stehen lassen. Kürbisse von innen mit Sojasoße einpinseln und salzen. Das Hackfleisch mit den übrigen Zutaten mischen, abschmecken und in die Kürbisse füllen. Bei 175 Grad ca. 60 Min. in der Auflaufform backen. Dazu schmecken ein Eisbergsalat mit Kürbiskernöl und Kürbiskernen sowie ein kühles Bier.

Kürbistopf

Zutaten:

Fleischteig:

500 g	Hackfleisch gemischt
1	Ei
1	eingeweichtes Brötchen
1	Zwiebel
	Salz, Pfeffer

Weitere Zutaten:

	Öl
1 kg	Kürbisfleisch
³/₄ l	Brühe
	Salz
	Paprika
	Senf
	Curry
1	Becher Schmand
	Petersilie

✐ Den Fleischteig zubereiten und kleine Bällchen formen, in heißem Öl anbraten, aus dem Fett herausnehmen und in einen gewässerten Römertopf legen. Das in Würfel geschnittene Kürbisfleisch in dem Bratöl andünsten. Die Brühe zufügen und einige Minuten nicht ganz gar ziehen lassen. Kürbiswürfel ebenfalls in den Römertopf geben. Die Flüssigkeit mit Schmand binden und mit den Gewürzen abschmecken. Die Soße über das Fleisch und die Kürbiswürfel geben. Den geschlossenen Römertopf in den 180 Grad heißen Backofen stellen und noch einmal 15 Min. garen lassen. Mit reichlich gehackter Petersilie servieren.

Zutaten für Leber auf Kürbis-Kartoffel-Püree:

4	Scheiben Leber
2 EL	Margarine zum Braten
	Mehl
	Salz, Pfeffer
500 g	Kürbis
500 g	Kartoffeln
1	Zwiebel
	Öl
$1/4$ l	Milch
	Kräutersalz
	schwarzer Pfeffer
	Majoran
50 g	Schinkenspeck-würfel
	Feldsalat
1	rote Zwiebel

Leber auf Kürbis-Kartoffel-Püree

🔪 Kartoffeln schälen, garen und durch die Presse geben. Zwiebel fein hacken, mit dem gewürfelten Kürbis in Öl andünsten. Zugedeckt weich kochen. Den Kürbis pürieren. Kartoffeln und Kürbispüree zusammen mit der Milch unterrühren, aufkochen. Ggf. noch etwas Flüssigkeit zugeben. Die Kräuter untermischen und mit Kräutersalz und dem schwarzen Pfeffer abschmecken. Die Margarine in der Pfanne erhitzen. Leber in Mehl wenden und von beiden Seiten langsam braten. Würzen mit Kräutersalz, Pfeffer und Majoran, aus der Pfanne nehmen und die Schinkenspeckwürfel in der Pfanne knusprig braten. Das Gericht mit Feldsalat und roten Zwiebelringen sowie den Schinkenspeckwürfeln servieren.

Ufoscheiben gebacken

🔪 Die Ufos mit Schale in gleichmäßige Scheiben schneiden und auf ein geöltes Backblech legen. 10 Min. bei 200 Grad backen. Dann mit den gehackten Zwiebeln und den Schinkenwürfeln bestreuen. Weitere 20 Min. garen lassen. Die gebackenen Scheiben auf einer großen Platte anrichten, mit grobem Pfeffer bestreuen und mit Petersilie garnieren. Dazu schmeckt ein kräftiges Bauernbrot und ein Pils.

Zutaten:

2	Ufokürbisse (Patissons)
2	Zwiebeln
100 g	Schinkenwürfel
2 EL	Öl
	grober Pfeffer
	Petersilie

Rosenkohl-Kürbis-Gemüse mit Rinderbraten

Zutaten:

1,5 kg	Rinderbraten
2	Zwiebeln
1	Möhre
1/2	Sellerieknolle
2	Lorbeerblätter
500 g	Rosenkohl
500 g	Kürbiswürfel
	Öl
1 EL	Paniermehl
1 EL	Butter
	Salz, Pfeffer, Muskat

🔪 Den Rinderbraten mit Salz und Pfeffer einreiben. Den Bratentopf ölen. Eine Zwiebel, Möhre und Sellerie in Scheiben schneiden und den Bräter damit auslegen. Lorbeerblätter hinzufügen und das Fleisch auf das Gemüse legen. Den geschlossenen Topf in den vorgeheizten Backofen stellen und nach einer Stunde Garzeit 1/8 l Flüssigkeit angießen. Eine weitere Stunde bei 180 Grad braten lassen. In der Zwischenzeit den Rosenkohl putzen und in wenig Salzwasser garen. Die Kürbiswürfel in etwas Öl mit einer gewürfelten Zwiebel bissfest dünsten und würzen. Butter in einem kleinen Topf zerlassen und mit dem Paniermehl bräunen. Den Braten herausnehmen und heiß stellen. Ggf. noch etwas Flüssigkeit angießen und das Bratengemüse zum Binden der Soße pürieren. Das Fleisch in Scheiben schneiden, auf einer Platte mit dem Rosenkohl und Kürbis anrichten. Das gebräunte Paniermehl darübergeben. Zum Schluss das Gemüse mit Muskat würzen. Salzkartoffeln dazu reichen.

Spaghettikürbis mit Hackfleischsoße

Zutaten:

1	Spaghettikürbis
	Salz
	Parmesankäse

Für die Soße:

100 g	Schinkenwürfel
500 g	Rinderhack
1 EL	Öl
4	Zwiebeln
1	Packung
	TK Suppenkraut
4 EL	Tomatenmark
$^1/_4$ l	Fleischbrühe
	Salz, Pfeffer
	Oregano
	Basilikum

✐ Den Spaghettikürbis waschen, mehrmals mit der Gabel einstechen. Salzwasser zum Kochen bringen und den Kürbis darin ca. 40–50 Min. garen lassen. Zwischenzeitlich Hackfleisch, Zwiebeln und Schinkenwürfel in Öl anbraten. Tomatenmark und Suppenkraut hinzufügen, mit Fleischbrühe auffüllen und würzen. Ca. 20 Min. auf kleiner Flamme garen lassen. Ggf. nachsalzen.
Den Kürbis aus dem Wasser nehmen und der Länge nach durchschneiden. Die Kerne entfernen, das Fruchtfleisch auflockern und mit Parmesankäse bestreut anrichten. Mit der Hackfleischsoße servieren.

Weddingstedter Rindfleisch-Kürbispfanne

✎ Das Rindfleisch in feine Streifen schneiden. Das Gemüse waschen, putzen und schneiden. Das Rindfleisch in einer sehr heißen Pfanne mit Öl anbraten. Wenn das Fleisch braun ist, wird das Gemüse hinzugegeben und gedünstet. Ist das Gemüse fast gar, werden Sojasoße, Sahne und evtl. Cayennepfeffer hinzugefügt und das Ganze noch etwas eingekocht.

Zutaten:

400 g	Rindfleisch aus der Hüfte
400 g	Hokkaido-Kürbisfleisch
200 g	Zucchini
2	mittlere Zwiebeln
300 g	Spitzkohl
1	Porreestange
2 EL	Öl
1 TL	Salz
2 EL	Sojasoße
	evtl. Cayennepfeffer
125 g	Sahne

Schweinebauch gefüllt mit Hackfleisch und Kürbis

Partygericht für 15 Personen

✍ Vom Metzger
eine Tasche in den
Schweinebauch schneiden
lassen. Innen und außen mit
einer Tüte Hackfleischgewürz würzen. Den
Hackfleischteig aus Fleisch, Eiern, Gewürzen, Paniermehl
und Wasser zubereiten. Die geschnittenen Zwiebeln,
500 g Kürbiswürfel und eine in Ringe geschnittene
Porreestange untermischen. Den Fleischteig in den
Schweinebauch füllen, auf eine gefettete Fettfangschale
legen und im Backofen ca. 2,5 Stunden bei 180 Grad
dünsten. Das restliche Gemüse in einem Topf bissfest
garen und mit Salz abschmecken. Das Gemüse auf eine
vorgewärmte große Platte geben. Das Fleisch mit einem
Elektromesser schneiden und auf dem Gemüsebett
anrichten. Den abgelöschten Bratenfond über das
Gemüse geben.

Dazu Speckkartoffelsalat oder Baguettebrot
servieren.

Zutaten:

1,5 kg	Hokkaidokürbis
3	Stangen Porree
1	ganzer Schweinebauch (Tasche einschneiden lassen)
2 kg	Hackfleisch gemischt
	Hackfleischgewürz für die angegebene Fleischmenge
1	Tüte Hackfleischgewürz extra
6	Eier
	Paniermehl
5	Zwiebeln
	Salz
	etwas Öl

Zucchini-Hackfleisch-Topf

Zutaten:

500 g	Hackfleisch
100 g	durchwachsener Speck
4	Zwiebeln
	Öl
1	große Zucchini
	Salz
	bunter grober Pfeffer
300 ml	Fleisch- oder Gemüsebrühe
	Sojasoße
1	Becher Crème fraîche

🔪 Speck und Zwiebeln würfeln und in Öl andünsten. Hackfleisch dazugeben und anbraten. Die in fingerdicke Stücke geschnittene Zucchini ebenfalls dünsten. Mit Salz und Pfeffer würzen. Brühe angießen und im geschlossenen Topf nicht zu weich werden lassen. Etwas Sojasoße und 1 Becher Crème fraîche zum Binden dazugeben. Mit Petersilie überstreuen und mit Salzkartoffeln servieren.

Lammlachse auf karamellisiertem Kürbis

Zutaten:

500 g	Kürbisfleisch
1 EL	Butter
1 EL	Zucker
2	Lammlachse (600 bis 800 g)
	Öl
	Salz, Pfeffer
	Lammgewürz- mischung

✎ Kürbisfleisch würfeln. Die Butter in einer Pfanne erhitzen und den Zucker darin bräunen. Kürbiswürfel in der Pfanne karamellisieren und würzen. $\frac{1}{8}$ l Wasser angießen und den Kürbis bissfest dünsten. In einer zweiten Pfanne Öl erhitzen, Lammlachse darin von jeder Seite 3 Minuten braten, würzen und in Scheiben geschnitten auf dem karamellisierten Kürbis anrichten.

Lammkotelett im gebackenen Kürbis mit Dip

Zutaten:

2	Hokkaidos
500 ml	Gemüsebrühe
	Salz
	Knoblauch
$1/2$	unbehandelte Zitrone
4 EL	Olivenöl
400 g	kleine Strauch-tomaten
8	Zweige Rosmarin
8	Lammstilkoteletts schwarzer Pfeffer

Kürbis-Zwiebel-Dip:

250 g	Miracel Wip
4–5 EL	eingelegter Kürbis
1	Schalotte
	Salz und Pfeffer

✑ Kürbisse halbieren und Kerne und Fasern herauslösen. Die Kürbishälften mit der Öffnung nach oben auf ein Backblech stellen. Gemüsebrühe angießen. Bei 180 Grad im vorgeheizten Backofen 35 Min. garen. Knoblauch hacken, Saft und abgeriebene Schale der Zitrone mit 1 EL Olivenöl, Salz und dem Knoblauch mischen. Die Kürbishälften damit 10 Min. vor Ende der Garzeit einpinseln. Die gewaschenen Tomaten auf die Kürbisse verteilen und ebenfalls mitgaren. Das restliche Öl erhitzen, 4 Zweige Rosmarin darin braten und herausnehmen. Die Koteletts salzen, pfeffern und auf jeder Seite ca. 3 Min. in dem Öl braten. Koteletts in den Kürbissen anrichten und mit dem restlichen Rosmarin garnieren. Für den Dip die Zutaten pürieren und zu den Lammkoteletts reichen.

Asiatische Kürbispfanne

Zutaten:

4 EL	Öl
500 g	Putenbrust
9 EL	Sojasoße
1 EL	Speisestärke
2 cm	frischer Ingwer
2	Chilischoten
500 g	festes Kürbisfleisch (Butternut, Buttercup)
$1/2$	Chinakohl
2	Möhren
1	Stange Porree
$1/4$ l	Brühe

🔪 Eine Marinade herstellen aus der Sojasoße, Speisestärke, geriebenem Ingwer und feingeschnittenen, entkernten Chilischoten. Das in Streifen geschnittene Putenfleisch 15 Min. darin ziehen lassen. Kürbisfleisch, Chinakohl, Porree und Möhren ebenfalls in Streifen schneiden. Das Öl in einer großen Pfanne oder einem Wok erhitzen und das Fleisch darin hell anbraten. Das Gemüse nacheinander dazugeben und mitdünsten. Mit der Brühe ablöschen. Zugedeckt bissfest garen lassen. Dazu Reis reichen.

Hähnchen-Kürbis-Curry

🍗 Die Hähnchenkeulen mit Salz, Pfeffer und Curry würzen, in Fett anbraten, in die Fettpfanne geben und im Backofen weiter garen. Inzwischen die Zwiebeln schälen und in Ringe schneiden, die Pilze vorbereiten, das Kürbisfleisch würfeln. Das Gemüse in dem Hähnchenfett andünsten. Ingwer dazugeben und alles mit Curry bestäuben. Die Kokosmilch angießen, 15 Min. garen lassen. Die Zuckerschoten zugeben und ca 3 Min. mitköcheln. Mit Salz, Pfeffer, Zucker und Limettensaft würzen und in einer rustikalen Pfanne anrichten. Die fertigen Hähnchenkeulen obendrauf legen. Das Ganze mit dem Koriander bestreut servieren.

Zutaten:

4	Hähnchenkeulen
2 TL	frisch gehackter Ingwer
2	rote Zwiebeln
100 g	Shiitake-Pilze
500 g	Muskatkürbis
250 g	gefrorene Zuckerschoten
2 EL	Öl
1 EL	Currypulver
400 ml	ungesüßte Kokosmilch
	Salz, Pfeffer
	Zucker
	Saft einer Limette
2 EL	Koriandersamen

Zutaten für Geräucherte Forelle auf Kürbis:

200 g	festes Kürbisfleisch
1	Zucchini
40 g	Butter
1	unbehandelte Orange
2 EL	Crème fraîche Salz und Pfeffer
4	geräucherte Forellenfilets

Geräucherte Forelle auf Kürbis

🐟 Butter zerlassen. Das gewürfelte Gemüse darin andünsten. Orangensaft und geriebene Orangenschale dazugeben. Saft einköcheln lassen, Crème fraîche unterheben. Mit Salz und Pfeffer abschmecken. Die Forellenfilets auf dem Kürbisgemüse anrichten, mit den restlichen Orangenstreifen und Orangenscheiben dekorieren.

Als Vorspeise oder kleines Abendbrotgericht mit Vollkornbrot lauwarm servieren.

Zutaten:

400 g	Lachs- oder Rotbarschfilet
3 EL	Öl
1	große Zwiebel
400 g	festes Kürbisfleisch (z. B. Butternut)
500 g	Dosentomaten (passiert)
250 g	Fischfond
2 TL	Paprikapulver
	Salz, Pfeffer
	saure Sahne
	Petersilie

Fisch im Kürbistopf

🐟 Öl in einem Kochtopf erhitzen. Die gewürfelten Zwiebeln und das gewürfelte Kürbisfleisch darin andünsten, mit Paprikapulver bestreuen. Fischfond und Tomaten hinzufügen.

Den Eintopf langsam zum Kochen bringen. Das Fischfilet in Stücken zum Eintopf geben und ca. 15–20 Min. im geschlossenen Topf bei geringer Hitze ziehen lassen. Mit Salz und Pfeffer abschmecken und mit saurer Sahne und Petersilie anrichten.

Fischrouladen mit Kürbisfüllung

Zutaten:

4	Seelachsfilets, lang und flach geschnitten
2 EL	Dillsenf
3 EL	Öl
1	Zwiebel
1	rote Pfefferschote
400 g	festes Kürbisfleisch
2	Stangen Staudensellerie
	Salz, Pfeffer

Die Fischfilets von einer Seite mit dem Dillsenf bestreichen. Öl in einer Pfanne erhitzen, die gewürfelte Zwiebel andünsten. Das in kleine Würfel geschnittene Kürbisfleisch, den in feine Streifen geschnittenen Sellerie und die geputzte und in Ringe geschnittene Pfefferschote zu den Zwiebeln geben. Etwas Wasser angießen und zugedeckt ca. 10 Minuten schmoren lassen. Mit Salz und Pfeffer abschmecken. $2/3$ des Gemüses auf dem Boden einer gefetteten Auflaufform verteilen. Das restliche Gemüse auf die eingestrichenen Fischfilets geben, diese aufrollen und auf das Gemüsebett setzen. Bei 180 Grad 20 Min. im Backofen garen. Dazu passen Reis und ein frischer Salat.

Mediterrane Scampi-Pfanne

Zutaten:

250 g	Bleichsellerie
1	Stange Porree
375 g	Möhren
250 g	Champignons
375 g	Zucchini
375 g	Kürbis
4	Zwiebeln
1	Aubergine
	Olivenöl
250 g	Scampis, tief-
	gefroren
	Salz
	Kräuter der
	Provence

✎ Das gesamte Gemüse in Scheiben und Würfel schneiden und in Olivenöl unter ständigem Rühren dünsten. Das Gemüse muss bissfest bleiben. Mit Salz und Kräutern der Provence würzen. Gegebenenfalls etwas Flüssigkeit angießen.
In einer zweiten Pfanne die Scampis kurz in Olivenöl andünsten, ebenfalls würzen und zu dem Gemüse geben. Mit Baguettebrot und einem trockenen Weißwein servieren.

Feldsalat mit Kürbis

an Balsamico-Speck-Honig-Senf-Dressing

Zutaten:

250 g	Kürbis
100 g	Feldsalat
100 g	Schinkenspeck-würfel
1	Zwiebel
4 EL	Balsamico-Essig
1 TL	Senf
1 TL	Honig
	Kürbiskernöl

🔪 Den Kürbis fein raspeln. Den Feldsalat waschen und verlesen, gut abtropfen lassen und in einer rustikalen Schüssel anrichten. Den geraspelten Kürbis auf dem Feldsalat verteilen.
Schinkenwürfel anbraten und abgekühlt über den Salat geben. Eine Marinade aus Balsamico-Essig, Honig, Senf und der gehackten Zwiebel bereiten. Evtl. noch mit Pfeffer würzen. Kurz vor dem Servieren die Marinade über den Salat geben. Kürbiskernöl dazu reichen. Schmeckt gut mit rustikalem Brot.

Wintersalat

✏ Kürbisfleisch und die geschälten
Äpfel in Streifen schneiden oder
raspeln. Saft der Orange und der
$\frac{1}{2}$ Zitrone darübergeben. Schmand mit
Honig, Pfeffer und Salz abschmecken. Die Kürbis- und
Apfelstreifen mit dem abgeschmeckten Schmand
vermischen. Mit gerösteten Kürbis- und
Haselnusskernen und Orangenscheiben servieren.

Zutaten:

400 g	festes Kürbisfleisch (Butternut)
400 g	Äpfel
1	Orange
$\frac{1}{2}$	Zitrone
125 g	Schmand
	Honig
	Pfeffer
	Salz
2 EL	geröstete Kürbiskerne und Haselnüsse

Zutaten:

1	rote Paprikaschote
150 g	Möhren
300 g	Kürbisfleisch
2	Stangen Staudensellerie
1	Becher Joghurt (125 g)
1–2 EL	Olivenöl
1 EL	Weinessig
	frische oder getrocknete italienische Kräuter
	Salz
	schwarzer Pfeffer

Birnen-Kürbis-Salat

🥄 Das Kürbisfleisch und die geschälten Birnen sehr fein raspeln. Aus Zitronensaft, Honig, saurer Sahne, Salz, Pfeffer und Rapsöl eine Salatsoße bereiten. Die Zutaten vermischen und den Salat gut durchziehen lassen. Anrichten mit Birnenspalten, Kürbiskernen und etwas Kürbiskernöl.

Gemischter Salat
Insalata Mista

🥄 Das Gemüse in feine Stifte schneiden. Den Joghurt mit Öl, Essig und Kräutern verrühren, mit Salz und Pfeffer abschmecken und mit dem Salat vermischen.

Zutaten für den Birnen-Kürbis-Salat:

400 g	festes Kürbisfleisch
3	große Birnen
1	Zitrone
2 TL	flüssiger Honig
3 EL	saure Sahne
	Salz
	Pfeffer
2 EL	Rapsöl
1 EL	geröstete Kürbis-kerne
	Kürbiskernöl

Zutaten für Penne mit Kürbis-Tomaten-Sugo:

3	Schalotten
500 g	Kürbisfleisch
1	frische Chilischote
4	Tomaten
3 EL	Olivenöl
$1/8$ l	Weißwein
	Salz, Pfeffer
400 g	Pennenudeln
	Parmesankäse

Penne mit Kürbis-Tomaten-Sugo

Vegetarisch

✑ Schalotten würfeln, Kürbis klein würfeln, Chilischote in feine Streifen schneiden. Tomaten häuten und ebenfalls würfeln. Die Schalotten und den Kürbis in Olivenöl andünsten. Tomaten und Chili dazugeben. Mit Salz und Pfeffer würzen und den Weißwein angießen. Ein paar Minuten bei mittlerer Hitze dünsten. Zwischenzeitlich die Nudeln garen. Mit Parmesan bestreut zu dem Gericht reichen.

Tomaten-Zucchini-Gratin

✑ Tomaten und Zucchini in Scheiben schneiden. Zucchini in Öl kurz andünsten. Eine Schwitze aus Butter, Mehl, Gemüsebrühe und Sahne bereiten. Mit Salz, Pfeffer und Muskat abschmecken. Das Gemüse mit der Schwitze mischen und in eine Auflaufform geben. Den geriebenen Käse darüberstreuen und bei 170 Grad 20 Min. backen.

Zutaten:

4	Fleischtomaten
400 g	Zucchini
2 EL	Öl
30 g	Butter
30 g	Mehl
$1/8$ l	Gemüsebrühe
$1/8$ l	Sahne
50 g	geriebener Käse
	Salz, Pfeffer
	Muskatnuss

Patissons
mit Kräuter-Quark-Füllung

Zutaten:

4	kleinere Kürbisse (Patissons)
1	rote Paprika
1	Knoblauchzehe
	Schale einer Zitrone
250 g	Quark
2	Eier
	Salz, Pfeffer Paprikapulver
1	Bund Gartenkräuter
$^1/_4$ l	Gemüsebrühe

Von den Kürbissen die Deckel abschneiden, aushöhlen und das Fleisch in Würfel schneiden. Paprikaschote würfeln, Knoblauchzehe pressen und Zitronenschale abreiben. Den Quark mit den Eiern und den übrigen Zutaten verrühren. Die gehackten Kräuter und die Gewürze hinzufügen. Die Masse in die Kürbisse füllen. Den Deckel daraufsetzen und die Kürbisse in die Fettpfanne geben. Die Brühe angießen. Kürbisse ca. 40 Min. bei 180 Grad im Backofen garen lassen. Dazu passt frisches Brot und ein Salat.

Zutaten für Spaghettikürbis auf Rucolasalat:

2	kleine Spaghettikürbisse
1	kleines Glas Basilikumpesto
	Olivenöl
	Salz, Pfeffer
100 g	getrocknete Tomaten
4	kleine Zwiebeln
2	Tomaten
150 g	Rucolasalat
	Senf
	Honig
	Balsamico-Essig

Spaghettikürbis auf Rucolasalat

✎ Die Spaghettikürbisse der Länge nach halbieren und das Kerngehäuse entfernen. Die Kürbisse mit dem Basilikumpesto ausstreichen. Mit Salz und Pfeffer würzen. Bei 180 Grad 10 Min. im Backofen vorgaren. Die getrockneten Tomaten und die Zwiebeln in Würfel schneiden und auf den Kürbishälften verteilen. Mit Olivenöl beträufeln und weitere 30 Min. garen. Den Rucolasalat mit dem Balsamicodressing zubereiten. Eine Tomate würfeln, auf den Kürbishälften verteilen. Die zweite Tomate in Spalten geschnitten zum Dekorieren nehmen. Die Kürbishälften mit dem Salat und Ciabattabrot oder Baguette servieren. Einen trockenen italienischen Weißwein dazu anbieten.

Ufokürbis mit gebackenem Gemüse

✎ Das Gemüse in gleichmäßige Stücke schneiden. Das Fett in einem Topf zerlassen, das vorbereitete Gemüse darin bissfest dünsten. Mit Pfeffer, Salz und Thymian würzen. Als Gemüsebeilage servieren.

Zutaten:

2	Ufokürbisse (Patissons)
2	rote Paprika
2	Tomaten
	Salz, Pfeffer
	Thymian
	Butterschmalz

Kürbis-
blütentraum

Zutaten für 6 Personen:

6	Kürbisblüten
100 g	Kürbisfleisch
1	Paket Zitronen-götterspeise
	Zucker

Die Kürbisblüten waschen. Den Stempel entfernen und die Blüten in Eisgläser dekorieren. Kürbisfleisch sehr fein würfeln. In einem halben Liter Wasser mit dem Zucker kurz garen lassen. Das Kürbiswasser muss etwas abkühlen, dann das Götterspeisenpulver hinzugeben. Die Speise kalt stellen. Sobald diese dickflüssig wird, in die vorbereiteten Blüten geben. Kürbisblüten sind essbar.

Türkische Kürbisse mit Joghurt

Zutaten:

1 kg	orangefleischiger Kürbis, z. B. Muskat oder Hokkaido
1	Vanilleschote
100 g	Zucker
3 EL	Zitronensaft
50 g	grüne Kürbiskerne
1	Becher Naturjoghurt

✎ Kürbis schälen, entkernen und in mundgerechte Stücke schneiden. Die Vanilleschote längs halbieren. Die Zutaten in einem breiten Topf mischen. 3 EL Wasser hinzufügen. Zugedeckt über Nacht Saft ziehen lassen. Den Kürbis im eigenen Saft bei schwacher Hitze aufkochen und ca. 5 Min. bissfest dünsten. Kürbiswürfel aus dem Sud heben, den Sud etwas einkochen lassen und mit Zitronensaft abschmecken. Über die Kürbiswürfel gießen und abkühlen lassen. Die Kürbiskerne hacken und in einer Pfanne ohne Fett goldbraun rösten. Mit dem Joghurt als Nachspeise anrichten.

Marinierter Kürbis
mit Brombeeren

Zutaten:

1	Hokkaido
1	Vanilleschote
1	unbehandelte Zitrone
150 ml	Apfelsaft
150 ml	Orangensaft
4 cl	Orangenlikör
250 g	Brombeeren
	Zitronenmelisse
	Vanille- oder Naturjoghurt

🔪 Kürbis längs halbieren. Kerne und Fasern herauslösen. Kürbis in Spalten schneiden. Die Schale kann nach Geschmack verzehrt werden. Zitrone abspülen, Schale dünn abschälen, Saft auspressen. Aus der Vanilleschote das Mark herausschaben. Apfel- und Orangensaft, Likör, Vanillemark und Schote, Zitronensaft und Schale aufkochen. Kürbisspalten darin nach und nach ca. 3 Minuten weich kochen. Herausnehmen und auf Tellern anrichten. Die Saftmischung etwas einkochen lassen. Die Brombeeren hinzufügen und kurz ein paar Minuten ziehen lassen. Das Ganze über die abgekühlten Kürbisspalten geben und mit den restlichen Brombeeren und Zitronenmelisse dekorieren. Schmeckt sehr gut mit Vanille- oder Naturjoghurt.

Dithmarscher Kürbisklüten

Zutaten:

400 g	Kürbisfleisch
800 g	mehlige Kartoffeln
200 g	Weichweizengrieß
200 g	Mehl
2	Eier
	Salz
	Muskat
	Öl oder Butter
125 g	Schinkenspeck- würfel
	heller Speisesirup

✑ Kürbisfleisch grob in Würfel schneiden und gar kochen. Abtropfen lassen. Kartoffeln schälen und ebenfalls in Salzwasser kochen. Die Kartoffeln und den Kürbis stampfen oder durch die Kartoffelpresse geben. Mit Grieß, Mehl, Eiern, Salz und Muskat verrühren. Mit einem Esslöffel Klöße abstechen und im siedenden Salzwasser garen. Abtropfen lassen. In einer Pfanne Öl erhitzen und den Schinkenspeck anbraten. Die Klöße nacheinander darin leicht bräunen. Sofort nach Dithmarscher Art mit erwärmten Speisesirup servieren.

Zimt-Kürbis-Dessert

✎ Den Kürbis würfeln und in Wein und Zucker weich garen. Die Gelatine einweichen, Zitronensaft, Vanille und Zimt zu den zerkochten Kürbiswürfeln geben. Die eingeweichte, ausgedrückte Gelatine in der heißen Kürbismasse auflösen. In eine Glasschale geben und kalt stellen, bis die Speise fest ist. Die Sahne mit Vanillemark und etwas Zucker steifschlagen. Das Dessert mit der Sahne und den Melisseblättern dekorieren.

Zutaten:

600 g	Kürbisfleisch
100 ml	trockener Weißwein
70 g	Zucker
3	Blatt Gelatine
2 EL	Zitronensaft
	Mark einer Vanilleschote
1 TL	Zimt
150 g	Sahne
	Zitronenmelisseblätter

Kartoffel-Kürbis-Puffer

Zutaten:

800 g	Kartoffeln
200 g	Kürbisfleisch
2	Eier
2 EL	Stärkemehl
	Salz
	Pfeffer
	Muskatnuss
	Öl
1	Tasse Brombeeren
125 ml	Portwein
	Zucker

✎ Kartoffeln und Kürbisfleisch fein reiben. Evtl. etwas Flüssigkeit abgießen. Eier und Stärkemehl dazugeben, gut würzen. Kleine Puffer in dem heißen Öl braten. Zwischenzeitlich die Hälfte der Brombeeren pürieren und mit dem Portwein erhitzen. Mit Stärkemehl binden, mit Zucker abschmecken. Die restlichen Brombeeren zu der Soße geben. Einige zum Dekorieren übrig lassen.

Chutney

Zutaten:

1 kg	Kürbisfleisch
2	große Zwiebeln
1 EL	Salz
500 g	Tomaten
100 g	Rosinen
350 g	brauner Zucker
350 ml	Apfelessig
1 $\frac{1}{2}$ EL	Ingwerpulver

Kürbisfleisch und Zwiebeln würfeln. Mit dem Salz vermischen und 2 Stunden durchziehen lassen. Die Mischung auf ein Sieb geben, gut abtropfen lassen und in einen großen Topf geben. Dazu kommen die gehäuteten Tomaten, die abgewaschenen Rosinen, der Zucker, der Apfelessig und das Ingwerpulver.
Die Masse unter Rühren zum Kochen bringen. Ca. 45 Min. köcheln lassen, dabei immer wieder umrühren, weil es leicht ansetzt. Das eingedickte heiße Chutney in vorbereitete Gläser füllen und sofort verschließen. Schmeckt gut zu kurz gebratenem Fleisch, Fondue und zum Grillen.

Süß-sauer eingelegter Kürbis

✎ Die Kürbiswürfel in eine Wanne geben und mit der aufgekochten Zucker-Essig-Gewürze-Lösung übergießen. Über Nacht ziehen lassen. Am nächsten Tag die Kürbiswürfel in der Essiglösung glasig kochen. Heiß in vorbereitete Schraub- oder Weckgläser füllen und 20 Min. bei 80 Grad sterilisieren.

Zutaten:

4 kg	Kürbiswürfel
$1/4$ l	Wasser
$1/2$ l	Weinessig
$1 1/2$ kg	Zucker
	Ingwerscheiben
5	Nelkenköpfe
1	Stange Zimt

Kürbis-Minze-Gelee

✿ Das Fruchtfleisch in Würfel schneiden und in 1 $\frac{1}{2}$ l Wasser weich kochen. Den gekochten Kürbis auf ein Tuch geben und den Saft auffangen. $\frac{1}{2}$ l kalten Saft mit Zitronensaft (max. $\frac{3}{4}$ l Flüssigkeit) und dem Gelierzucker mischen, unter Rühren zum Kochen bringen und 4 Minuten sprudelnd kochen lassen. Calvados und die gehackte Minze dazugeben. Das Gelee in Gläser füllen und sofort verschließen.

Zutaten für die Weihnachtskonfitüre:

1 kg Gelierzucker 1:1
Kürbisfleisch
Äpfel
Orangen
evtl. Quitten
Birnen
Zitronensaft
Rosinen
Mandelblätter
Lebkuchengewürz

Weihnachtskonfitüre

✿ Aus den vorbereiteten Früchten knapp 1 kg abwiegen. Die Konfitüre nach Vorschrift zubereiten. Kurz vor Ende der Kochzeit mit dem Pürierstab pürieren. Die Rosinen und Mandeln und das Lebkuchengewürz zufügen und noch ca. 1 Min. sprudelnd kochen lassen. Die Konfitüre in vorbereitete Gläser füllen, fest verschrauben und kurze Zeit auf den Kopf stellen.

Zutaten für das Kürbis-Minze-Gelee:

2 kg Kürbisfleisch
1 kg Gelierzucker 1:1
3   Zitronen
1 TL gehackte Minze
        Calvados

Ananas-Kürbis-Kuchen

Zutaten:

400 g	Kürbisfleisch
1	kleine Dose Ananas
3	Eier
280 g	Zucker
1	unbehandelte Zitrone
250 ml	Öl
$\frac{1}{2}$ TL	Salz
$1\frac{1}{2}$ TL	Zimt
	etwas Muskat
400 g	Mehl
1	Päckchen Backpulver

🖊 Das Kürbisfleisch grob raspeln und die abgetropften Ananasstücke in feine Streifen schneiden. Eier trennen. Eigelb mit dem Zucker schaumig rühren. Das Öl langsam hinzufügen. Die abgeriebene Zitronenschale, den Zitronensaft, Salz, Zimt und Muskat unterrühren. Das mit Backpulver gesiebte Mehl hineingeben, ebenso den Kürbis und die Ananasstücke. Zum Schluss Eischnee unterheben. Die Masse auf ein gefettetes Backblech streichen. Bei 200 Grad ca. 25–30 Minuten backen.

Pumpkin Pie

 Zutaten für den Boden verrühren. In eine gefettete Pieform geben und den Rand hochdrücken. 10 Min. backen bei 170 Grad.

Die Zutaten für die Füllung in eine Schüssel geben. Mit einem elektrischen Rührgerät 5 Min. auf höchster Stufe rühren. Die Masse auf den vorgebackenen Boden gießen und bei 180 Grad ca. 1 Stunde backen. Die Pie lauwarm servieren. Sahne und Vanilleeis dazu reichen.

Zutaten:

Für den Teig:

250 g	Zwiebackbrösel
50 g	geriebene Pinienkerne oder Mandeln
100 g	brauner Zucker
150 g	zerlassene Butter

Füllung:

400 g	Kürbispüree
180 g	brauner Zucker
85 ml	Ahornsirup
$1/4$ TL	Salz
1	Messerspitze Muskat
1	Messerspitze Nelken
$1/8$ TL	Zimt
$1/8$ TL	Ingwer
$1/8$ l	Sahne
3	Eier

Apfel-Kürbis-Torte

🖊 Mehl, Butter, Zucker, Salz und Zimt verkneten und kühl stellen. Den Teig zwischen Folie ausrollen, in eine gefettete Springform geben und 10 Min. bei 180 Grad backen.

Inzwischen das Kürbisfleisch würfeln, mit dem Portwein, der abgeriebenen Zitronenschale in dem Apfel- und Orangensaft dünsten. Zitronensaft hinzufügen und die Masse mit 150 g Zucker pürieren.

Den Joghurt zugeben, die aufgelöste Gelatine in die Kürbismasse rühren und abkühlen lassen. Kurz vor dem Stocken die geschlagene Sahne unterheben und die Masse auf den mit einem Tortenring umspannten Tortenboden geben.

Die Äpfel schälen, das Kerngehäuse ausstechen und in Ringe schneiden. Die Apfelringe in dem Apfelsaft dünsten und abgetropft und abgekühlt auf die Kürbismasse legen. Von dem Apfelsaft 250 ml abmessen, mit einem Paket Tortenguss nach Anweisung zubereiten und über die Apfelringe geben. Die Torte mit der geschlagenen Sahne und den Apfelspalten garnieren.

Zutaten:

Für den Teig:
150 g   Mehl
100 g   Butter
 50 g   Zucker
        Salz, Zimt

Für die Füllung:
400 g   Kürbisfleisch
  3 EL Portwein
  2   unbehandelte
        Zitronen
 80 ml Orangensaft
100 ml Apfelsaft
150 g   Zucker
500 g   Vollmilchjoghurt
 12   Blatt Gelatine oder
        2 Pakete
250 ml Sahne

Für den Belag:
500 g   Äpfel
500 ml Apfelsaft, klar
  1   Päckchen
        Tortenguss

Zum Garnieren:
250 ml Sahne
  1   rotschaliger Apfel

Muffins

⚖ Hefeteig zubereiten. Geraspeltes Kürbisfleisch und die Rosinen unterkneten. Den Teig gehen lassen. Kleine Teighäufchen formen und in die gefetteten Muffinformen setzen. Erneut gehen lassen und bei 175 Grad ca. 15 Minuten backen.

Florentiner mit Kürbiskernen

⚖ Zucker, Honig, Butter, Sahne, Koriander und Zimt aufkochen. Bei mittlerer Hitze ca. 10 Min. köcheln lassen. Dabei mehrmals umrühren. Kürbiskerne und Mandeln zugeben. 8–10 Min. unter Rühren leise weiterkochen. Ein mit Backpapier belegtes Backblech zur Hälfte mit der Masse bestreichen. Im vorgeheizten Backofen auf der zweiten Leiste von unten bei 200 Grad 15 Min. backen. Auf dem Backblech abkühlen lassen. Die Florentinerplatte vom Blech lösen und das Backpapier abziehen. Die Platte auf einem Brett mit einem großen Küchenmesser in kleine Rechtecke schneiden. Die Florentiner in einer gut schließenden Keksdose aufbewahren.

Zutaten:

250 g	Kürbiskerne
100 g	Mandelsplitter
90 g	Zucker
40 g	Honig
60 g	Butter
70 ml	Schlagsahne
$^1/_4$ TL	Korianderpulver
2	Messerspitzen Zimt

Zutaten für die Muffins:

500 g	Mehl
1	Würfel Hefe
250 ml	lauwarme Milch
1 TL	Salz
2 TL	Zucker
	Kardamom
100 g	weiche Butter
200 g	Kürbisfleisch
125 g	Rosinen

Pflaumen-Kürbis-Torte

Für den Mürbeteig:
175 g	Mehl
1 TL	Zucker
80 g	Butter
	Eiswasser

Für die Füllung:
250 g	Kürbispüree
100 g	klein geschnittene Backpflaumen
50 g	geröstete Nüsse
2	Eier
3 EL	Zucker
$1/8$ l	Milch

✐ Mürbeteig herstellen, ausrollen und eine Springform damit auslegen. Die Hälfte des Kürbispürees auf dem Teig verteilen, Pflaumen und Nüsse darübergeben. 10 Min. im vorgeheizten Backofen bei 180 Grad backen. Das restliche Püree mit den Eiern, dem Zucker und der Milch verrühren, über den vorgebackenen Kuchen gießen und weitere 25 Min. bei 180 Grad fertig backen.

Saftiger Kürbiskuchen

✏ Zucker und Eier schaumig schlagen. Zitronensaft und Honig etwas erwärmen und dazugeben. Die übrigen Zutaten untermischen. Den Teig in eine gefettete Springform geben. Den Kuchen bei 175 Grad ca. 55 Min. backen. Abgekühlt mit Puderzucker bestäuben oder mit Zucker-Zitronen-Guss garnieren.

Zutaten:

4	Eier
100 g	Zucker
	Saft und Schale einer unbehandelten Zitrone
250 g	geraspeltes Kürbisfleisch
50 g	Honig
1	Messerspitze Zimt
120 g	gemahlene Mandeln
200 g	Mehl
$1/2$	Päckchen Backpulver Puderzucker zum Bestäuben

Zutaten für den Weihnachts-Kürbiskuchen:

700 g	Kürbisfleisch
150 ml	Apfelsaft
4	Eier
150 g	Zucker
$\frac{1}{2}$ TL	gem. Ingwer
$\frac{1}{2}$ TL	Lebkuchengewürz
1	Prise Salz
150 g	Zwieback
3 EL	Speisestärke
120 g	gemahlene Mandeln
1	unbehandelte Zitrone
	Puderzucker

Weihnachts-Kürbiskuchen

🗡 Kürbisfleisch würfeln und im Apfelsaft
weich kochen. Flüssigkeit abgießen
und das Kürbisfleisch pürieren. Abkühlen lassen.
Das Eigelb mit Zucker, Ingwer, Lebkuchengewürz und
Salz cremig schlagen. Zwieback in einen Gefrierbeutel
geben und mit der Kuchenrolle zerkrümeln. Dann mit
Speisestärke, Mandeln, abgeriebener Zitronenschale und
dem Kürbispüree in die Eigelbmasse rühren. Eiweiß steif
schlagen und vorsichtig unter den Kuchenteig heben.
Den Kuchen in einer Kastenform bei 180 Grad ca.
70 Min. backen.
Abgekühlt mit Puderzucker und Kürbisraspeln garnieren.

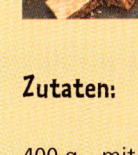

Zucchinikuchen

🗡 Eier mit Zucker und Gewürzen
cremig schlagen. Das Öl hinzufügen. Mehl mit
Backpulver und Natron mischen und in den
Teig rühren. Zucchiniraspel unter
den Teig heben. Den Kuchen
auf einem gefetteten
Backblech ca. 45 Min. bei
175° Grad backen.

Zutaten:

400 g	mit Schale geraspelte Zucchini
3	Eier
250 g	Zucker
1	Päckchen Vanillezucker
2 TL	Zimt
2	Korngläser Öl
350 g	Mehl
2 TL	Backpulver
2 TL	Natron

Zutaten:

Teig:

1	Würfel Hefe
$^3/_8$ l	Wasser
	Zucker
500 g	Mehl
1	Ei
	Salz
3 EL	Olivenöl

Belag:

500 g	süß-sauer ein- gelegter Kürbis
750 g	Zwiebeln
250 g	gewürfelter Schinkenspeck
2 EL	getrockneter oder frischer Salbei Salz, Pfeffer
3	Eier
1	Becher Sahne
1	Becher Crème fraîche

Kürbisstuten

🖋 Einen Hefeteig zubereiten. 20 Min. gehen lassen. Das geraspelte Kürbisfleisch unterkneten. Den Teig in eine gefettete Kastenform füllen. Nochmals 20 Min. gehen lassen. Bei 180 Grad ca. 45 Min. backen. Passt zur Kürbissuppe.

Salbei-Kürbis-Kuchen

🖋 Einen Hefeteig bereiten, auf dem Backblech ausrollen und ca. 20 Min. gehen lassen. Inzwischen die Zwiebeln in feine Ringe schneiden und mit dem Schinkenspeck andünsten. Die eingelegten Kürbisse in Scheiben schneiden, mit dem Salbei und der Zwiebel-Speck-Masse mischen und auf dem Teig verteilen. Eier mit Pfeffer, Salz, Sahne und Crème fraîche verschlagen, über das Kürbis-Zwiebel-Gemisch geben und ca. 30 bis 40 Minuten bei 180 Grad backen. Dazu passt Federweißer, Bier oder Weißwein.

Zutaten für den Kürbisstuten:

500 g	Mehl
$^3/_8$ l	l lauwarme Milch
1 TL	Salz
$^1/_2$ TL	Zucker
1	Würfel Hefe
200 g	geraspeltes Kürbis-fleisch (roh)

Kürbiskernbrot

Zutaten:

500 g	Weizenvollkorn-mehl
500 g	Weizenmehl
1	Würfel Hefe
1 ½ EL	Salz
½ l	lauwarme Milch
500 g	Kürbisfleisch
150 g	Kürbiskerne

✐ Einen Hefeteig bereiten und ca. 30 Min. an einem warmen Ort gehen lassen. In der Zwischenzeit das Kürbisfleisch raspeln und mit den Kernen in den vorbereiteten Brotteig kneten. Teig zu einem Brotlaib formen. Auf ein bemehltes Backblech legen. Oben 1 cm tief einschneiden und mit Wasser bepinseln. Nochmals 30 Min. gehen lassen. Im vorgeheizten Backofen bei 180 Grad ca. 70 Min. backen.

Zwiebel-Schinken-Kürbis-Kuchen

Zutaten:

2 EL	Olivenöl
100 g	Schinkenwürfel
100 g	Mandelsplitter
3	fein gewürfelte Zwiebeln
1 TL	gehackter Thymian
1	Bund gehackte Petersilie
400 g	lauwarmes Kürbispüree
800 g	Weizenmehl
$\frac{1}{2}$ TL	Salz
$1\frac{1}{2}$	Würfel Hefe
5 EL	Olivenöl
40 g	Butter
1	Ei

♂ Olivenöl in einer Pfanne erhitzen. Mandelsplitter, Schinkenwürfel und Zwiebeln leicht bräunen und abkühlen lassen. Petersilie und Thymian dazugeben. Mehl und Salz vermischen, die im Kürbispüree aufgelöste Hefe zum Mehl geben. Ei, Butter und Olivenöl dazugeben und mit dem Knethaken verrühren. Zwiebel-Schinkenmischung ebenfalls einarbeiten. Teig ca. 45 Min. an einem warmen Ort gehen lassen. Hefeteig in zwei mittlere Kastenformen geben.
Backzeit: ca. 50 Minuten bei 180 Grad.

Lauch-Kürbis-Pie

🖉 Hefeteig zubereiten. Passend
für eine gefettete Pieform
ausrollen und einen
Rand drücken. Den
Teig gehen lassen.

Lauch putzen und in feine Ringe schneiden. Schalotten
würfeln, im erhitzten Öl zusammen mit dem
Schinkenspeck goldgelb braten. Lauch
hinzufügen und einige Minuten
dünsten lassen.

Kürbis raspeln und mit der
Speisestärke, Eiern,
Schmand,
Kürbiskernen
und den
Zutaten aus
der Pfanne verrühren. Mit Salz, Pfeffer
und Muskat abschmecken. Die
Mischung auf den Hefeteig
geben und mit Käse
bestreuen. Pie im
Backofen bei 180 Grad ca.
30–40 Minuten backen.

Zutaten:

Teig:
20 g	Hefe
150 ml	lauwarme Milch
300 g	Mehl
1	Prise Zucker
$\frac{1}{2}$ TL	Salz

Belag:
3	Schalotten
1 EL	Öl
125 g	gewürfelter Schinkenspeck
3	große Stangen Lauch
300 g	Kürbis
2 EL	Speisestärke
3	Eier
100 g	Schmand
2 EL	gehackte Kürbiskerne
	Salz
	Pfeffer
	Muskatnuss
3 EL	geriebener Emmentaler

Kürbistarte

Aus den angegebenen Zutaten einen Mürbeteig bereiten und in die gefettete Tarteform geben. 500 g Kürbis in Scheiben schneiden. Den Rest des Kürbisses würfeln und mit der Milch und den Gewürzen 20 Min. köcheln lassen. Die Sahne zugeben und alles pürieren. Eier hineingeben und die pürierte Masse auf den Mürbeteig geben. Mit den restlichen Kürbisscheiben belegen. Käse, Butter und Parmesan auf die Masse geben. Bei 175 Grad ca. 35 Min. backen.

Melonen-Kürbis-Bowle

✂ Das Kürbisfleisch in kleine Würfel schneiden. Melone mit dem Kugelausstecher auslösen. Die gewaschene Zitrone in dünne Scheiben schneiden. Die Fruchtstücke mit Zitronenscheiben und Zucker in ein Bowlengefäß geben und mit dem Roséwein auffüllen.

Ca. 3 Stunden kalt stellen. Kurz vor dem Servieren den Sekt zugeben.

Zutaten:

300 g	Kürbisfleisch
1	Netzmelone
1	unbehandelte Zitrone
3 EL	Zucker
2	Flaschen Roséwein
2	Flaschen trockener Sekt

Inhalt

Suppen

Fleisch

Geflügel

Fisch

Salate

Die Autorinnen

Mit viel Fantasie und Liebe haben Helga Billerbeck, gelernte Hauswirtschaftsleiterin und Ernährungs-Fachfrau, und Sigrid Voß-Schalkalwies, ebenfalls hauswirtschaftliche Betriebsleiterin und Hobby-Fotografin, beide aus Dithmarschen, diese Rezepte und viel Wissenswertes rund um den Kürbis zusammengestellt.

Jungfräulicher Hering ...

Günter Pump,
Matjes
Die köstlichsten Rezepte mit dem
jungfräulichen Hering

2. Auflage, 93 Seiten, zahlreiche farbige Abbildungen,
gebunden
(ISBN 978-3-89876-203-8)

... und raffinierte Kohl-Rezepte

Rund um den Kohl

Raffinierte Hausmannskost
Fotografiert von Günter Pump

93 Seiten, zahlreiche farbige Abbildungen,
gebunden
(ISBN 978-3-89876-218-2)

Verlagsgruppe Husum · Postfach 1480 · 25804 Husum
www.verlagsgruppe.de

Husum Verlag